ENCICLOPEDIA DE LOS ANIMALES SALVAJES

LAS COSTAS

MICHAEL CHINERY
ILUSTRADO POR WAYNE FORD, MICK LOATES
Y MYKE TAYLOR

EDITORIAL EVEREST, S. A.

**Madrid • León • Barcelona • Sevilla • Granada • Valencia
Zaragoza • Las Palmas de Gran Canaria • La Coruña
Palma de Mallorca • Alicante • México • Lisboa**

2142

Título original:
WILD WORLD OF ANIMALS – Seashores
Coordinador de la enciclopedia
Mike Halson
Traducción
Alejandro Fernández Susial

©Grisewood & Dempsey Ltd., 1991 y
EDITORIAL EVEREST, S. A.
ISBN: 84-241-2059-0 (Obra completa)
ISBN: 84-241-2053-1 (Tomo III)
Depósito legal: LE. 512-1995
Printed in Spain - Impreso en España

EDITORIAL EVERGRÁFICAS, S. L.
Carretera León-La Coruña, km 5
LEÓN (España)

Contenido

Vida en las costas

No todas las costas son iguales. Varían dependiendo del tipo de rocas que las formen. Las rocas duras crean accidentados promontorios y playas rocosas, pero las rocas más blandas producirán seguramente bahías arenosas. Los animales que viven en estos dos tipos de costa son muy diferentes. Las costas rocosas ofrecen un espectáculo magnífico con la marea baja pues cientos de animales diferentes se sujetan a las rocas y algas. Los animales que viven en las costas arenosas tienen que enterrarse en la arena cuando baja la marea, lo que hace que las playas parezcan vacías.

En las costas rocosas, las algas constituyen tanto un alimento vital como un refugio para muchos animales. Cuando la marea baja, la mayoría de los animales se esconde o fija sus conchas firmemente a las rocas; pero en los charcos podrás observar algunas criaturas marinas que se mueven en el agua.

LA RIBERA

Cada vez que la marea barre la costa, trae consigo una fascinante colección de algas y otros objetos. Estos desechos forman la línea de la ribera y marcan el nivel de altura de la marea una vez que ésta baja. Es un buen lugar para buscar pequeños animales costeros.

LOS MANGLARES

Muchas costas tropicales están cubiertas de pequeños árboles llamados manglares. Estos árboles tienen masas de raíces ramificadas, parecidas a cestos boca-abajo. Las raíces se anclan en el barro y la arena. Los manglares son el hogar de un gran número de cangrejos y pájaros.

Las gaviotas

La mayoría de las gaviotas son rechonchos pájaros de alas grises. Se encuentran en casi todas las costas del mundo, y a menudo siguen a los barcos. Las gaviotas son grandes carroñeros y comen de todo. Siempre están chillándose unas a otras y peleándose por la comida. Algunas nunca salen al mar y pasan el tiempo en los basureros o en granjas. Grandes bandadas de gaviotas siguen a los arados en los campos y atrapan los gusanos e insectos que quedan al descubierto. Aquí te mostramos tres de las gaviotas más comunes.

DATOS

• Existen cerca de 45 tipos de gaviotas. El gavión (gaviota de lomo negro) es la más grande. Mide 80 cm y sus alas tienen una envergadura de 150 cm.

• La gaviota más pequeña es la gaviota enana, que mide tan sólo 28 cm.

• Las gaviotas pueden vivir más de 30 años.

La gaviota común no tiene plumas oscuras en la cabeza durante el invierno, sino una pequeña mancha detrás de los ojos.

La gaviota común encuentra suficiente alimento entre los desechos de la línea de la ribera. Vive principalmente en Eurasia.

Las gaviotas usan sus patas palmeadas para nadar en la superficie como los patos, pero casi nunca bucean.

El gran gavión del Atlántico Norte es tan grande como un ganso. Come peces, pero también huevos y polluelos de los nidos de otras gaviotas. Mata incluso pájaros adultos y conejos.

Las gaviotas jóvenes tienen grandes manchas marrones. No suelen adquirir el color de los adultos hasta que tienen más de cuatro años.

Sus largas y estrechas alas son perfectas para elevarse y planear. Las gaviotas pueden planear durante largos períodos de tiempo.

La gaviota sombría es muy común, y se encuentra en las costas del hemisferio Norte. Sus polluelos se parecen mucho a los de las otras gaviotas. Comienzan a volar a las seis semanas de edad.

Los polluelos hambrientos golpean la mancha roja del pico de la gaviota sombría, haciendo que el adulto regurgite algo de alimento.

La estrella de mar

La estrella de mar no tiene ni cabeza ni un verdadero cerebro. Tiene una boca en la parte inferior del cuerpo, y normalmente cinco brazos. La parte inferior de cada brazo se encuentra recubierta de pequeñas ventosas llenas de agua, llamadas pies. Son muy fuertes y le sirven tanto para moverse como para capturar su alimento. Los crustáceos son la comida preferida de la estrella de mar.

¿LO SABÍAS?

La estrella de mar tiene una increíble capacidad para curarse de las heridas. Si pierde un brazo, sencillamente le crece uno nuevo. ¡Un brazo arrancado puede incluso dar lugar a un cuerpo nuevo!

Se mueve por el fondo marino fijando sus ventosas en las rocas y empujándose hacia delante.

Sus fuertes ventosas pueden abrir con facilidad la concha de un mejillón. Entonces la boca de la estrella de mar puede comerse el blando cuerpo del mejillón.

La iguana marina de las Galápagos

La iguana marina es el único lagarto que nada en el mar con cierta frecuencia. Vive en las costas rocosas y, con la marea baja, entra en el mar para alimentarse de algas. Tiene los pies ligeramente palmeados y es un buen nadador, pero no se adentra en el mar. Mientras se alimenta se sujeta a las rocas con sus fuertes garras, para que no le arrastren las olas. Las iguanas marinas viven sólo en las islas Galápagos y el océano Pacífico.

¿LO SABÍAS?

Los cangrejos rojos trepan sobre las iguanas mientras éstas toman el sol. A las iguanas no les importa porque de hecho los cangrejos están arrancándoles las garrapatas que les servirán de alimento.

La iguana marina usa sus afilados dientes para arrancar las algas duras de las rocas.

DATOS

- La iguana marina mide aproximadamente un metro de largo. La mayoría de ellas son negras o grises.
- Cuando se asusta, la iguana escupe vapor de agua por la nariz, como un dragón de fábula.

Las anémonas marinas

Las anémonas marinas crecen en las rocas y parecen más flores que animales. Sus tentáculos, o brazos, tienen aguijones venenosos que, en algunos casos, pueden resultar dolorosos para las personas. La anémona usa los aguijones para capturar peces y otros animales pequeños. Cuando la presa ha sido aguijoneada, los brazos la sujetan firmemente y la empujan hacia la boca de la anémona. Puedes observar este hecho atando un trozo de carne a un hilo y dejándolo caer entre los tentáculos. Es muy difícil volver a sacar la carne.

DATOS

• Las anémonas marinas más grandes miden unos 60 cm. Viven en los arrecifes de coral de Australia.

• Las anémonas a menudo se dividen para crear otros dos animales.

• Algunas anémonas pueden vivir 100 años.

Las anémonas plumosas tienen tantos tentáculos que parecen plumeros. Se alimentan de presas muy pequeñas.

LAS ANÉMONAS CAMINANDO

Una anémona puede "caminar" por las rocas. Se inclina (1) y se agarra a la roca con sus tentáculos (2). Entonces da una voltereta (3) y adopta su nueva posición (4).

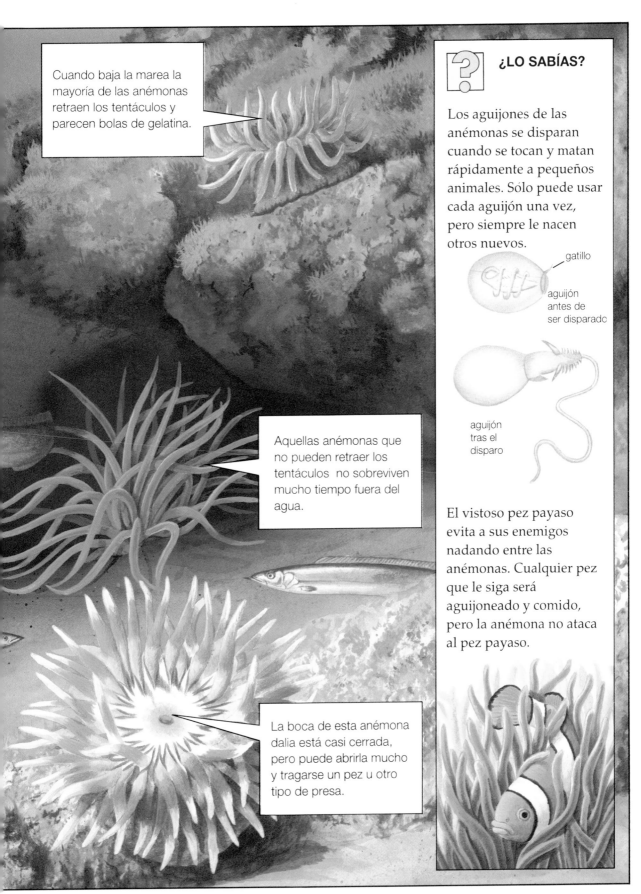

Cuando baja la marea la mayoría de las anémonas retraen los tentáculos y parecen bolas de gelatina.

Aquellas anémonas que no pueden retraer los tentáculos no sobreviven mucho tiempo fuera del agua.

La boca de esta anémona dalia está casi cerrada, pero puede abrirla mucho y tragarse un pez u otro tipo de presa.

¿LO SABÍAS?

Los aguijones de las anémonas se disparan cuando se tocan y matan rápidamente a pequeños animales. Sólo puede usar cada aguijón una vez, pero siempre le nacen otros nuevos.

gatillo

aguijón antes de ser disparado

aguijón tras el disparo

El vistoso pez payaso evita a sus enemigos nadando entre las anémonas. Cualquier pez que le siga será aguijoneado y comido, pero la anémona no ataca al pez payaso.

Los cangrejos de mar

Cientos de tipos diferentes de cangrejos viven en la costa. Casi todos tienen un caparazón ancho y un pequeño rabo doblado bajo la parte trasera. La mayoría tiene 10 patas. Las patas delanteras tienen grandes pinzas y las otras ocho las usan para caminar de lado por la arena. Los cangrejos se alimentan de otros animales, vivos o muertos, y les encantan los peces muertos. A menudo se disputan la comida y muchas veces luchan con las pinzas con furia. A veces uno de los cangrejos pierde su pinza en la lucha, pero rápidamente le crece una nueva. Los grandes cangrejos, como el buey, son un buen alimento.

DATOS

• El cangrejo más grande es el cangrejo araña japonés. Vive en aguas profundas y sus patas delanteras pueden medir hasta tres metros.

• Los cangrejos más pequeños se llaman cangrejos guisante. Sólo miden 5 mm.

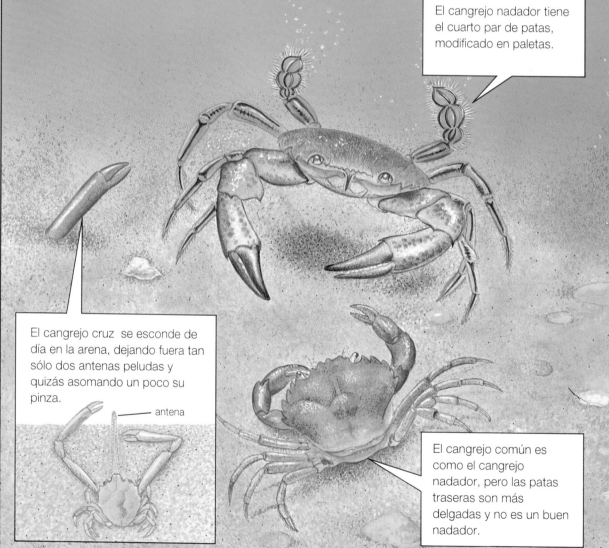

El cangrejo nadador tiene el cuarto par de patas, modificado en paletas.

El cangrejo cruz se esconde de día en la arena, dejando fuera tan sólo dos antenas peludas y quizás asomando un poco su pinza.

antena

El cangrejo común es como el cangrejo nadador, pero las patas traseras son más delgadas y no es un buen nadador.

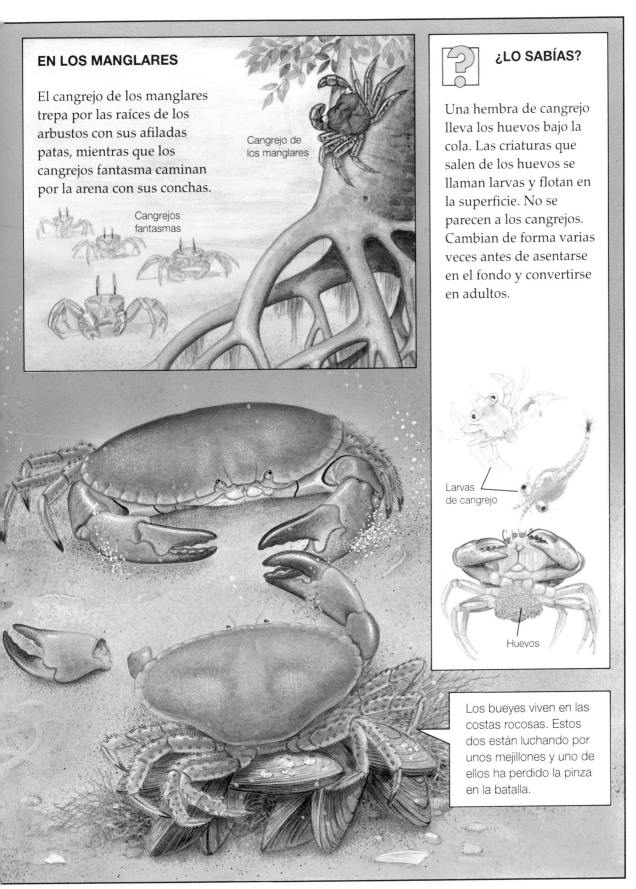

EN LOS MANGLARES

El cangrejo de los manglares trepa por las raíces de los arbustos con sus afiladas patas, mientras que los cangrejos fantasma caminan por la arena con sus conchas.

Cangrejo de los manglares

Cangrejos fantasmas

Una hembra de cangrejo lleva los huevos bajo la cola. Las criaturas que salen de los huevos se llaman larvas y flotan en la superficie. No se parecen a los cangrejos. Cambian de forma varias veces antes de asentarse en el fondo y convertirse en adultos.

Larvas de cangrejo

Huevos

Los bueyes viven en las costas rocosas. Estos dos están luchando por unos mejillones y uno de ellos ha perdido la pinza en la batalla.

El cangrejo ermitaño

El cangrejo ermitaño se parece más a un camarón que a un cangrejo. Tiene el cuerpo largo y blando y se protege viviendo en la concha vacía del buccino u otro caracol marino. Dos fuertes ganchos en la cola le mantienen sujeto en la concha. A medida que crece, el cangrejo ermitaño se muda a otra concha mayor. Se alimenta principalmente de animales muertos.

¿LO SABÍAS?

Las anémonas marinas crecen a menudo en las conchas de los cangrejos ermitaños. Las anémonas protegen al cangrejo con sus aguijones (ver página 10). A cambio el cangrejo las transporta a nuevos cazaderos.

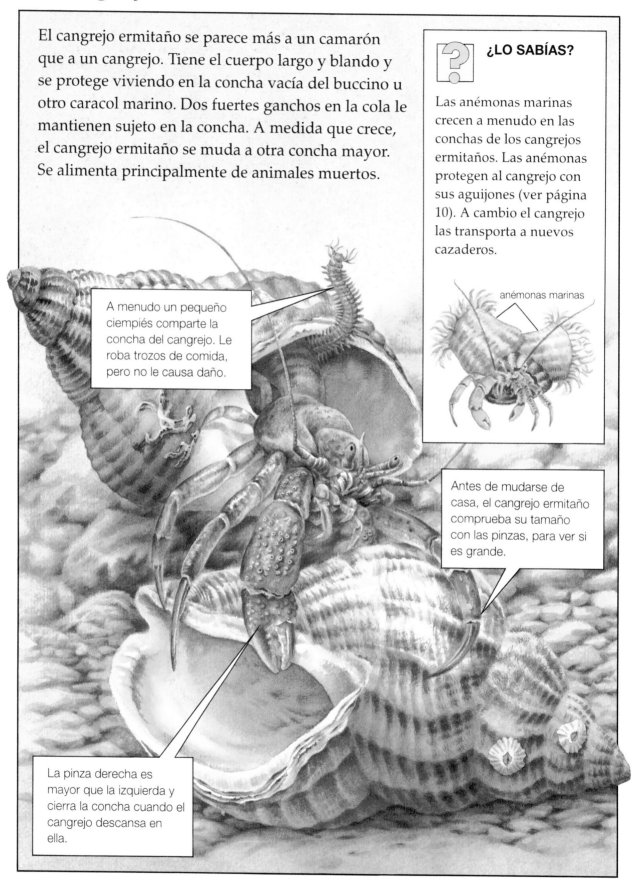

anémonas marinas

A menudo un pequeño ciempiés comparte la concha del cangrejo. Le roba trozos de comida, pero no le causa daño.

Antes de mudarse de casa, el cangrejo ermitaño comprueba su tamaño con las pinzas, para ver si es grande.

La pinza derecha es mayor que la izquierda y cierra la concha cuando el cangrejo descansa en ella.

El cangrejo de los cocoteros

El cangrejo de los cocoteros vive en las playas tropicales. Cuando son jóvenes viven en el mar, pero los adultos no pueden nadar y se ahogan si se les mantiene bajo el agua algunas horas. Se alimentan de animales muertos y también de cocos y otras frutas.

Los cangrejos de los cocoteros escalan a menudo por los cocoteros, pero no es verdad la historia que dice que los tiran al suelo para abrirlos.

El cangrejo de los cocoteros adulto mide unos 45 cm. Tiene unas pinzas muy fuertes y sólo cuatro patas para caminar.

El saltarín del fango

Los saltarines del fango son peces extraños que viven en las marismas de las costas más cálidas del planeta. Cuando baja la marea caminan y saltan sobre el barro con sus aletas frontales en forma de brazos. Pueden incluso subir a los árboles. Se alimentan de pequeños animales del barro.

El macho mueve su gran aleta dorsal como si fuese una bandera para atraer a las hembras.

Los picotijeras

Los picotijeras tienen un nombre apropiado. Hacen vuelos rasantes sobre el mar con la parte inferior de su extraño pico lista para recoger tanto peces como calamares. Pescan principalmente al atardecer o de noche. Los que se muestran aquí son picotijeras negros de las costas de América. Los picotijeras africanos e indios se alimentan principalmente en agua dulce.

DATOS

• Los picotijeras pertenecen a la familia de las gaviotas. El picotijera negro, de 50 cm de largo, es el mayor de todos.

• Los picotijeras más jóvenes tienen picos normales.

Los picotijeras pasan el día descansando en las rocas o bancos de arena. Se les reconoce fácilmente por su picos de forma extraña.

Tan pronto como toca algo en el agua, el pico se cierra. Entonces el picotijera levanta la cabeza y traga su presa.

El rastro de burbujas atrae más peces por lo que el picotijera se apresura de vuelta para un nuevo festín.

El águila de cola blanca

El águila de cola blanca es una poderosa ave de presa que vive cerca de las costas de Eurasia. También vive cerca de los ríos y grandes lagos. El águila atrapa peces de la superficie, pero rara vez se sumerge en el agua. En algunas áreas, también forman parte de su dieta las ovejas muertas, y puede matar pequeños corderos.

Construyen sus nidos en lo árboles o acantilados altos. Ponen normalmente dos huevos, y los polluelos comienzan a volar cuando tienen unas 10 semanas de edad.

¿LO SABÍAS?

El águila de cola blanca es como un pirata. No siempre se preocupa de ir a pescar por sí misma. A menudo espera que otros pájaros remonten el vuelo con pescado para perseguirlos hasta que, agotados, abandonan sus presas, igual que los piratas en tiempos pasados.

Sus alas de gran envergadura, casi 1 metro, permiten al águila transportar cargas pesadas hasta su nido.

SUPERVIVENCIA

El águila de cola blanca se extinguió en las islas Británicas debido a la caza indiscriminada hace 80 años, pero los pájaros noruegos que se llevaron a Escocia en 1975 parece que sobreviven. Otros fueron llevados a Irlanda.

Las largas garras del águila tienen unas afiladas uñas, que le permiten agarrar con firmeza el pescado durante el vuelo.

Los erizos de mar

Los erizos de mar parecen bolas de alfileres con las puntas hacia fuera. Estas púas protegen al erizo y le ayudan a caminar y a cavar en la tierra. Unas largas ventosas llenas de agua también le ayudan a caminar. Tienen una fina concha bajo la piel. La mayoría de los erizos de mar se alimentan de algas marinas, que arrancan de las rocas usando sus fuertes mandíbulas laterales. Otros se alimentan de desperdicios que recogen con sus ventosas. Algunos erizos tienen las púas tan cortas que parecen pieles. Las púas se caen cuando el animal muere.

¿LO SABÍAS?

Los erizos de mar nacen como pequeñas larvas nadadoras como la que mostramos abajo. Al poco tiempo pierden la habilidad para nadar y se hunden hasta el fondo marino.

EL CIDARIS

Los cidaris caminan sobre el fondo marino con sus fuertes púas. Éstas miden hasta 14 cm. Son de color morado al principio pero se vuelven grises con el tiempo.

Las conchas de los erizos comestibles, de hasta 15 cm de ancho, se usan como adorno. Cuando estaba vivo tenía una espina en cada poro.

Las gaviotas y otros pájaros marinos atacan a los erizos para comer la carne. Se pueden ver muy a menudo conchas rotas en las costas.

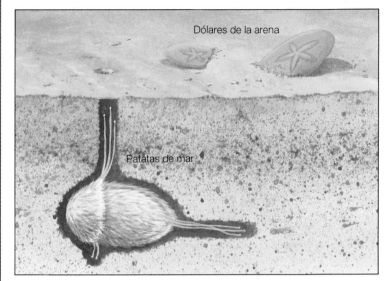

Dólares de la arena

Patátas de mar

ERIZOS POCO USUALES

Los dólares de la arena son planos y con forma de galleta, con púas cortas y suaves. Comen trozos de comida que desentierran de la arena. Las patatas de mar se entierran en la arena. Algunas de sus largas ventosas recogen la comida, y otras alcanzan la superficie para que el erizo pueda respirar.

Los erizos de las rocas viven en charcas en las rocas. Se esconden con trozos de conchas y algas, que sujetan con las ventosas.

DATOS

• Hay cerca de 600 tipos de erizos de mar, desde 1cm a 45 cm de diámetro, incluyendo las púas.

• Las púas de algunos erizos de mar pueden causar dolorosas heridas si se pisan.

El erizo de mar comestible vive más allá del nivel más bajo de la marea, o en charcas. Las partes interiores son comestibles.

Los mejillones

Las conchas de los mejillones, de color azul muy oscuro, cubren las rocas de muchas costas. Los mejillones se sujetan mediante hilos muy fuertes y no necesitan moverse. Se alimentan cogiendo pequeños trozos de comida que arrastra la marea.

¿LO SABÍAS?

Muchos de los mejillones que comemos provienen de criaderos. Los mejillones crecen en grandes redes con forma de calcetín que cuelgan en el agua. Siempre rodeados de agua, y con comida abundante, crecen rápidamente.

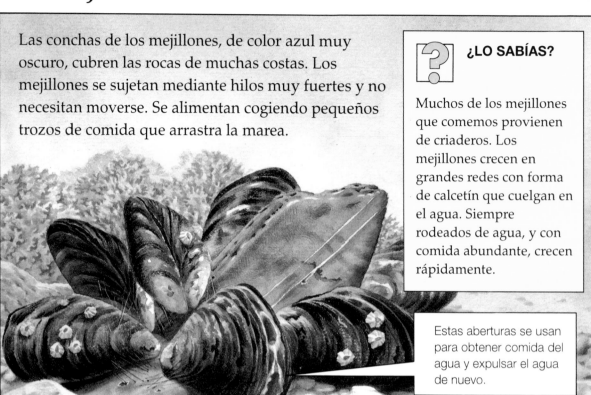

Estas aberturas se usan para obtener comida del agua y expulsar el agua de nuevo.

Las ostras

Las ostras son un marisco cuyas conchas se sujetan firmemente a las rocas bajo el agua. Se alimentan extrayendo partículas de comida del agua. La gente recoge toneladas de ostras cada año como alimento. También son famosas por sus perlas, que se usan en joyería.

¿LO SABÍAS?

Una perla se produce cuando un grano de arena entra en la concha e irrita la piel de la ostra. Ésta cubre el grano de arena con capas de un material brillante y suave que se transforma en una perla.

La parte superior de su rugosa concha es plana y se asienta en la parte inferior, como si fuera una tapa.

perla

Las lapas

Las lapas son caracoles marinos que viven en las costas rocosas. Cuando sube la marea se deslizan sobre las rocas para alimentarse de algas. Cuando baja la marea, las lapas regresan a su lugar y se disponen a descansar.

Las marcas en forma de círculo señalan el lugar donde vivían las lapas, produciendo estrías en las rocas con su concha.

Cuando quedan fuera del agua al bajar la marea, las lapas usan sus poderosos músculos para apretar con fuerza la concha contra la roca. Es extremadamente difícil arrancarlas.

Las sebas

Las sebas o zuecos reciben su nombre debido a su parecido con este calzado. Es un caracol marino, pero no se mueve. Se fija a las piedras o a otras conchas aproximadamente al nivel más bajo de la marea y se alimenta filtrando del agua pequeños trozos de comida.

¿LO SABÍAS?

Las sebas jóvenes son machos, pero se vuelven hembras con la edad.

Las sebas arruinan los criaderos de ostras al sujetarse a éstas e impedir que se alimenten.

Las sebas forman cadenas o núcleos tan grandes como el puño de una persona. Las más pequeñas y jóvenes son los machos.

El frailecillo

El frailecillo es famoso por su gran pico de colores y su cómica forma de caminar, como la de un payaso. Parece un pingüino al andar, pero a diferencia de éstos, puede volar. Se alimentan de pescado, y en invierno se adentran en el mar. En verano viven en las costas del Atlántico Norte y en las islas del océano Ártico.

SUPERVIVENCIA

Su número descendió durante los años 60. Han aumentado de nuevo, especialmente en las regiones más frías. Estos cambios pueden estar unidos a los cambios en el clima que afectan a los peces de los que se alimenta.

Los frailecillos anidan en huecos en la cima de los acantilados. A menudo usan viejas madrigueras de conejo. Las hembras normalmente ponen un solo huevo.

Las anguilas de arena constituyen la base de su dieta. Pueden llevar hasta 30 de estos pequeños peces en el pico.

El frailecillo usa sus grandes patas palmeadas para cambiar de dirección y detenerse cuando vuela.

El frailecillo vuela bien, aunque parezca tener un cuerpo demasiado grande para sus pequeñas alas.

Los gusanos marinos

Un gran número de gusanos viven en las costas. Se esconden bajo la arena cuando baja la marea, pero aún así los pájaros los descubren y se los comen. Los gusanos salen a comer cuando sube la marea. En lugar de cazar, algunos gusanos se quedan quietos y extraen alimento del agua mediante unos tentáculos plumosos. La mayoría de ellos viven en tubos, que a menudo fijan a la arena cuando baja la marea.

¿LO SABÍAS?

Los gusanos de pescador pasan toda su vida en un agujero con forma de "U". Comen barro por la boca y lo expulsan por el otro extremo de su cuerpo, formando unos desechos característicos. Digieren cualquier trozo de alimento que se encuentre en la arena.

Túnel del gusano del pescador

Desecho

El gusano empenachado (abajo) pega arena y conchas rotas para construir un tubo. La sabela (a la derecha) usa granos de arena más finos para su tubo.

Sabela

Gusano empenechado

El gusano tubícula fija su tubo calizo a la roca. Se esconde en él cuando baja la marea y cierra la entrada con un tentáculo en forma de obturador.

El gusano panal vive en grandes colonias. Sus grupos de tubos están fijos en las rocas, a menudo en charcas de las rocas, y parecen un panal.

Las aves zancudas

Grandes bandadas de aves zancudas visitan las costas, especialmente en invierno. Llegan para alimentarse de millones de gusanos, crustáceos y criaturas con forma de gamba que viven en las costas, el barro y las aguas poco profundas de la costa. Muchos de estos pájaros tienen largos picos, con los que buscan sus presas en la arena o el barro. Otros atrapan su comida arrastrando el pico por el agua. Muchas zancudas son grandes viajeras. Durante el verano viven en el lejano Norte y vuelan al Sur para pasar el invierno junto al mar.

Las cigüeñuelas de alas negras son muy altas. Sus delgadas patas les permiten caminar sobre aguas más profundas para encontrar alimentos.

Las avocetas buscan crustáceos en las aguas poco profundas arrastrando el pico, que está ligeramente curvado, de lado a lado en el agua.

Los largos picos de algunas zancudas les permiten encontrar comida enterrada profundamente en el barro.

A pesar de su nombre los ostreros no capturan ostras. Su comida favorita son los mejillones y las almejas.

Las espátulas tienen el pico en forma de cuchara, y lo arrastran por el agua para capturar gambas y otros animales pequeños.

El archibebe corretea por la costa moviendo su fino pico de lado a lado en la arena o el barro para encontrar comida.

El chorlitejo anida frecuentemente en la costa, donde sus huevos moteados quedan camuflados en la arena.

El vuelvepiedras recibe su nombre porque usa el pico para girar las piedras y otros objetos mientras busca comida.

El cangrejo violinista

El macho del cangrejo violinista tiene una pinza mucho más grande que la otra. La pinza grande tiene a menudo colores brillantes, y recibe el nombre de violín. El cangrejo la usa como una bandera, moviéndola de arriba a abajo para avisar a otros machos de que se mantengan alejados. También la agita vigorosamente para atraer a las hembras. Vive en madrigueras en las costas tropicales, especialmente en las desembocaduras de los ríos. Sale de la madriguera sólo cuando baja la marea.

❓ ¿LO SABÍAS?

Cada uno de los tipos de cangrejo violinista tiene su propio código de señales. Las hembras son atraídas sólo por los machos de su misma especie.

Algunos producen sonido al frotar la gran pinza contra una fila de dientes que tienen en el frontal del caparazón.

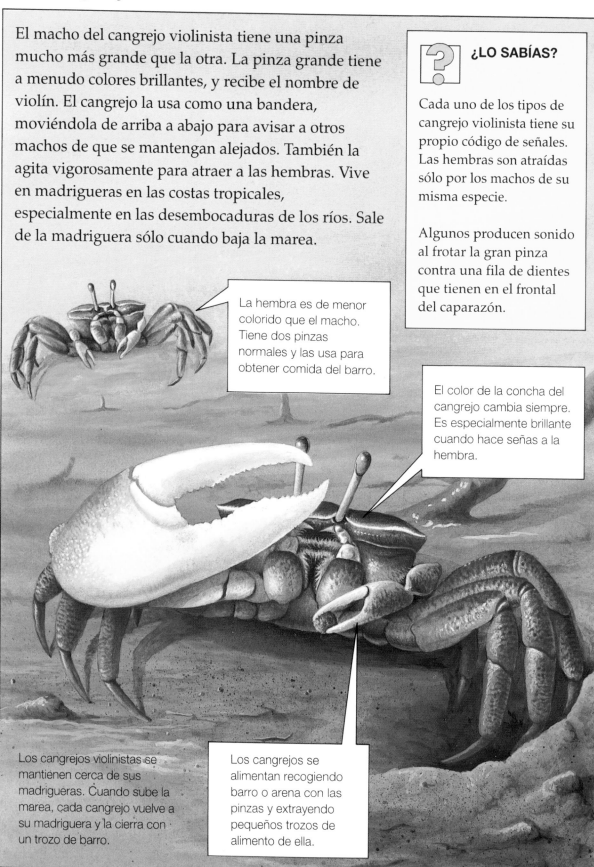

La hembra es de menor colorido que el macho. Tiene dos pinzas normales y las usa para obtener comida del barro.

El color de la concha del cangrejo cambia siempre. Es especialmente brillante cuando hace señas a la hembra.

Los cangrejos violinistas se mantienen cerca de sus madrigueras. Cuando sube la marea, cada cangrejo vuelve a su madriguera y la cierra con un trozo de barro.

Los cangrejos se alimentan recogiendo barro o arena con las pinzas y extrayendo pequeños trozos de alimento de ella.

Las bellotas de mar

Las bellotas de mar forman costras blanquecinas en muchas rocas del litoral. Parecen muertas cuando baja la marea pero se abren para alimentarse cuando sube. Las bellotas de mar jóvenes nadan en el mar durante algún tiempo antes de posarse.

La concha se abre bajo el agua y las patas con forma de pluma peinan pequeños trozos de comida del agua.

¿LO SABÍAS?

Las bellotas de mar son parientes de los cangrejos aunque una bellota adulta no se parece en nada a un cangrejo. Una bellota de mar joven (abajo) parece una cría de cangrejo hasta que se posa y forma su concha.

La barrena

La barrena es una almeja que cava su propia tumba. Usa su parte frontal puntiaguda para cavar lentamente un túnel en las rocas submarinas. Puede vivir mucho tiempo, pero nunca puede darse la vuelta y regresar al exterior.

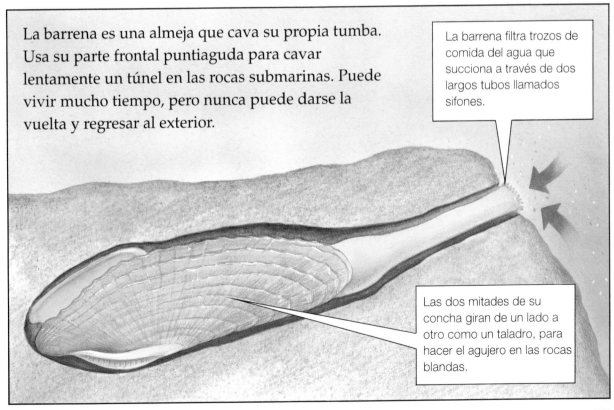

La barrena filtra trozos de comida del agua que succiona a través de dos largos tubos llamados sifones.

Las dos mitades de su concha giran de un lado a otro como un taladro, para hacer el agujero en las rocas blandas.

La araña menor

La araña menor se entierra en la arena dejando sólo en el exterior sus venenosas púas. Vive en aguas poco profundas de las costas de Europa y África, y se alimenta de gambas y otros pequeños animales.

La púas de la araña menor pueden causarte mucho dolor si pisas una.

El gobio

Los gobios son pequeños peces que viven en áreas costeras de todo el mundo. Entre las que habitan en las rocas pueden distinguirse varias clases. Tienen dos aletas en la parte superior del cuerpo, la frontal bastante espinosa.

¿LO SABÍAS?

El pez más pequeño del mundo es un tipo de gobio. Mide sólo 15 mm.

Algunos gobios usan conchas vacías como nido para sus huevos, siempre guardado por los machos.

Las aletas inferiores del gobio se juntan para formar una ventosa con la que el gobio se pega a las rocas. Así evita ser arrastrado por la corriente.

El arao común

Los araos viven alrededor de las costas de los mares del norte y se alimentan de peces y crustáceos que capturan nadando bajo el agua. Viven en colonias ruidosas en acantilados estrechos. Cada hembra pone un solo huevo en la roca.

Los huevos moteados del arao giran en círculo si se los golpea, y no caen del nido.

El cormorán

Los cormoranes son pájaros que se alimentan de peces y pueden perseguir a su presa bajo el agua durante casi un minuto. Hay varias clases, y se encuentran por todo el mundo.

? ¿LO SABÍAS?

Las deposiciones del cormorán del guano de Sudamérica se usan como fertilizante.

En algunos lugares los pescadores sujetan cormoranes con hilos usándolos para pescar.

Tras sumergirse, los cormoranes suelen permanecer sobre las rocas y extienden las alas para secar más rápido.

El ibis escarlata

El ibis escarlata es uno de los pájaros más llamativos del mundo. Vive en grandes bandadas en las marismas llenas de barro a lo largo de las costas y ríos tropicales. Usa su largo y curvo pico para capturar peces y escarbar en busca de cangrejos y otros animales pequeños entre el barro. Los ibis construyen con palos grandes nidos desordenados en los árboles de las riberas.

Durante mucho tiempo se ha cazado al ibis escarlata por sus hermosas plumas. Ha desaparecido de algunas áreas, pero aún es común en algunas riberas remotas. Algunas colonias tienen miles de aves.

El ibis escarlata se asemeja a una lluvia de confeti rojo cuando llega a comer a los manglares al atardecer. Aletean al unísono, como si estuviesen atados juntos.

El ibis escarlata joven tiene plumas blancas y negras. No obtiene su color rojo brillante hasta que tiene un año de edad.

El pingüino chico

Los pingüinos chicos son los pingüinos más pequeños del mundo. Viven en las costas rocosas de Nueva Zelanda y Australia. Se alimentan de peces en las aguas costeras durante el día, y se acercan a la costa para dormir durante la noche. A diferencia de otros pingüinos no forman colonias numerosas, y cada pareja anida en solitario.

¿LO SABÍAS?

Los pingüinos están preparados para la vida en aguas frías, pero no todos viven en el Antártico. El pájaro bobo de El Cabo vive en la costa sur de África; el pingüino de las Galápagos vive al norte, cerca del ecuador.

Pingüino de las Galápagos

Pájaro bobo de El Cabo

El pingüino chico construye sus nidos en cuevas o madrigueras donde los polluelos se cobijan del sol.

Los pingüinos chicos miden unos 40 cm de altura. Debido a su color también se les llama pingüinos azules.

SUPERVIVENCIA

Los pingüinos chicos son bastante menos numerosos de lo que solían. Muchos han muerto atacados por perros, gatos y otros animales traídos por los colonos europeos. La mayoría de los pingüinos que quedan viven ahora en las costas e islas más alejadas.

Las vistosas conchas

Las conchas son los envoltorios de unos animales de cuerpo blando llamados moluscos. Cuando el animal muere, las conchas vacías son arrastradas por la marea hacia las playas. Hay miles de tipos diferentes, pertenecientes principalmente a dos clases: caracoles marinos y bivalvos. Los caracoles marinos tienen conchas enroscadas como las de los caracoles terrestres. Los bivalvos tienen conchas con dos mitades unidas. Los caracoles marinos tienen bocas llenas de pequeños dientes afilados, con los que comen algas u otros animales. Los bivalvos extraen pequeños trozos de alimento del agua.

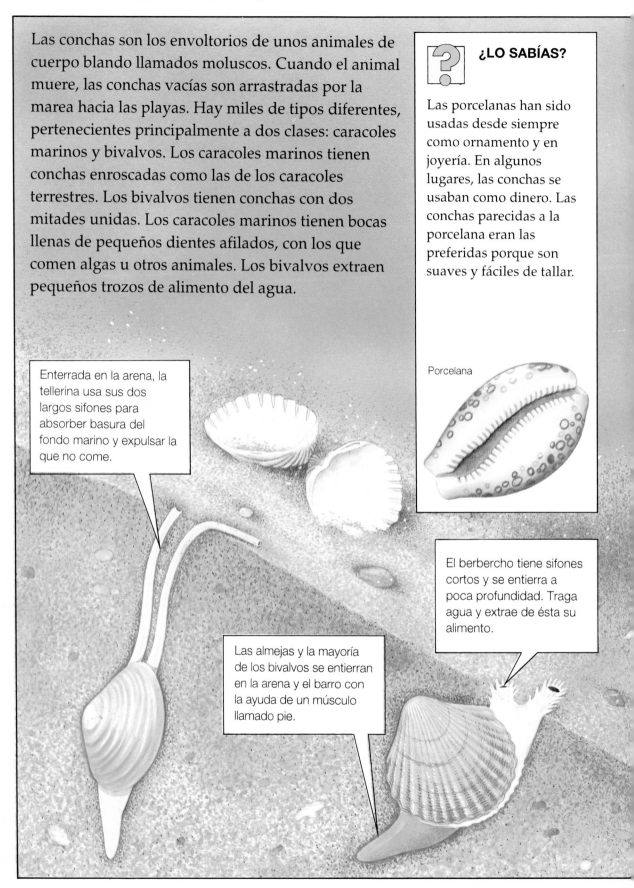

Porcelana

Enterrada en la arena, la tellerina usa sus dos largos sifones para absorber basura del fondo marino y expulsar la que no come.

El berbercho tiene sifones cortos y se entierra a poca profundidad. Traga agua y extrae de ésta su alimento.

Las almejas y la mayoría de los bivalvos se entierran en la arena y el barro con la ayuda de un músculo llamado pie.

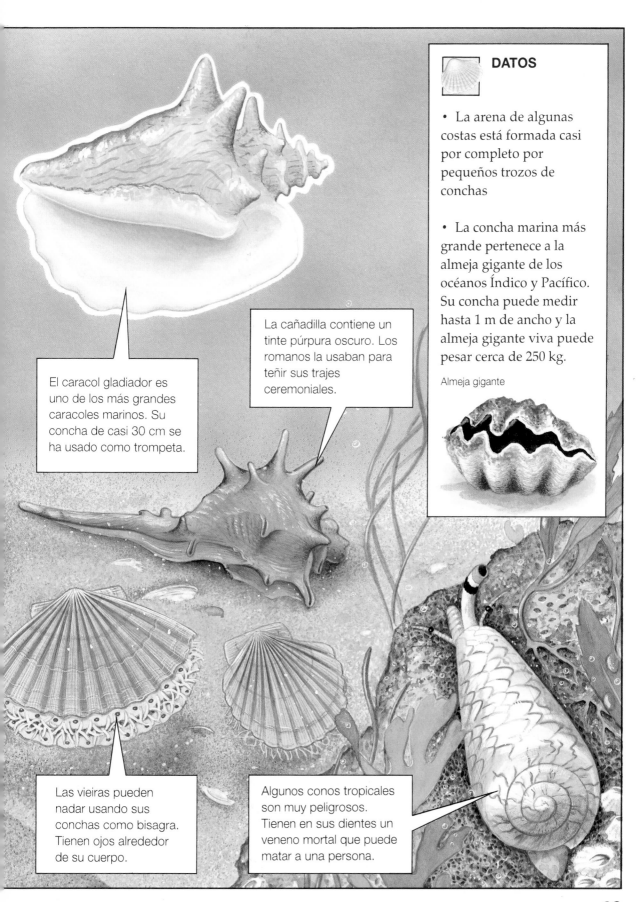

• La arena de algunas costas está formada casi por completo por pequeños trozos de conchas

• La concha marina más grande pertenece a la almeja gigante de los océanos Índico y Pacífico. Su concha puede medir hasta 1 m de ancho y la almeja gigante viva puede pesar cerca de 250 kg.

Almeja gigante

La cañadilla contiene un tinte púrpura oscuro. Los romanos la usaban para teñir sus trajes ceremoniales.

El caracol gladiador es uno de los más grandes caracoles marinos. Su concha de casi 30 cm se ha usado como trompeta.

Las vieiras pueden nadar usando sus conchas como bisagra. Tienen ojos alrededor de su cuerpo.

Algunos conos tropicales son muy peligrosos. Tienen en sus dientes un veneno mortal que puede matar a una persona.

Las babosas marinas

Las babosas marinas, igual que sus parientes terrestres, son en realidad caracoles sin concha. Algunas babosas marinas viven cerca de la costa, pero otras viven en aguas muy profundas. Otras pasan la vida nadando en mar abierto. Las babosas marinas son unos de los animales mas vistosos del mar. La mayoría se alimenta de otros animales más pequeños, incluidos anémonas y esponjas, pero algunas son vegetarianas y sólo se alimentan de algas.

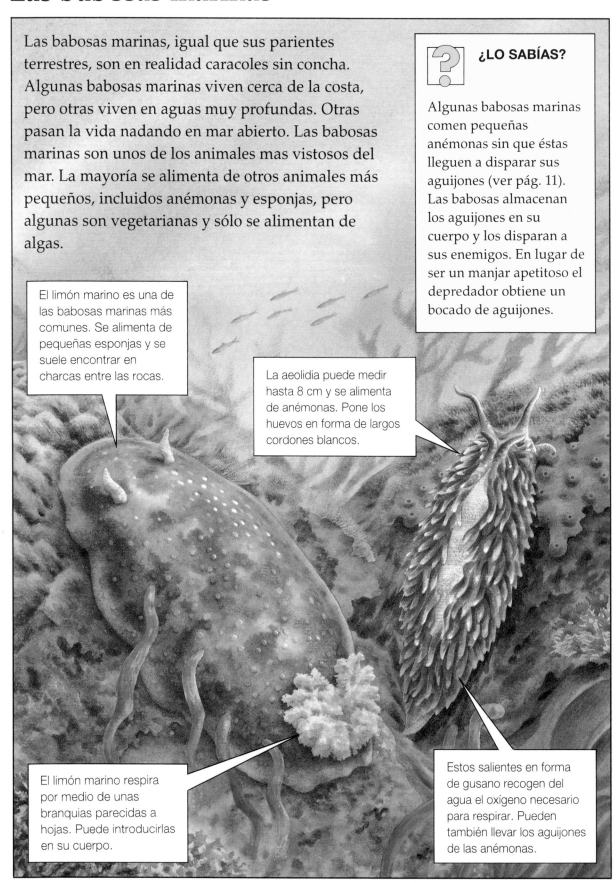

¿LO SABÍAS?

Algunas babosas marinas comen pequeñas anémonas sin que éstas lleguen a disparar sus aguijones (ver pág. 11). Las babosas almacenan los aguijones en su cuerpo y los disparan a sus enemigos. En lugar de ser un manjar apetitoso el depredador obtiene un bocado de aguijones.

El limón marino es una de las babosas marinas más comunes. Se alimenta de pequeñas esponjas y se suele encontrar en charcas entre las rocas.

La aeolidia puede medir hasta 8 cm y se alimenta de anémonas. Pone los huevos en forma de largos cordones blancos.

El limón marino respira por medio de unas branquias parecidas a hojas. Puede introducirlas en su cuerpo.

Estos salientes en forma de gusano recogen del agua el oxígeno necesario para respirar. Pueden también llevar los aguijones de las anémonas.

La langosta

Las espinosas langostas viven en lugares rocosos, normalmente bajo el nivel de la marea. De hasta 45 cm de largo, son un alimento famoso. Se alimentan de otros animales.

La langosta no tiene grandes pinzas. Se defiende azotando a su enemigo con sus largas y espinosas antenas.

El cangrejo pastinaca

El cangrejo pastinaca, o cangrejo herradura, vive en las playas arenosas de las partes más cálidas del planeta. Pueden nadar de espaldas, pero pasan la mayor parte del tiempo excavando en la arena en busca de gusanos y otros animales.

DATOS

• Los cangrejos pastinaca adultos miden unos 60 cm de largo.

• El cangrejo pastinaca está emparentado con las arañas terrestres y escorpiones.

Su puntiaguda cola empuja al animal y también le sirve para girarse cuando es volteado por las olas.

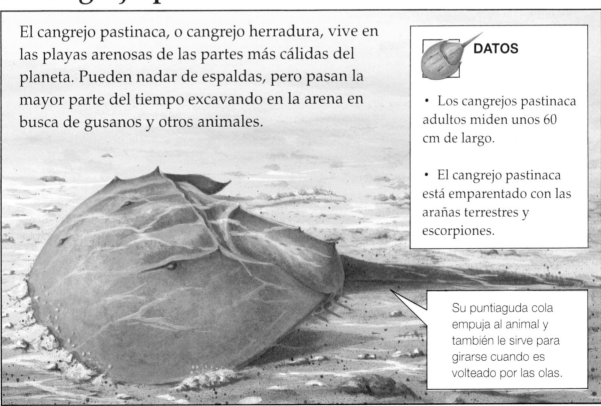

Camarones, gambas y cigalas

Los camarones y las gambas están relacionadas con los cangrejos, pero son mucho más delgados y normalmente son buenos nadadores. Tienen cinco pares de patas, con pinzas en las anteriores y a veces también en las restantes. La parte final de su cuerpo tiene unos miembros pequeños y plumosos que usan como remos para nadar. Pueden abrir la cola en forma de abanico y usarla como aleta.

Estos animales se alimentan de todo lo que encuentran en el fondo marino. Nosotros nos comemos muchos de ellos. Cuando están vivos son casi siempre marrones, pero al cocinarlos se vuelven de color rosa.

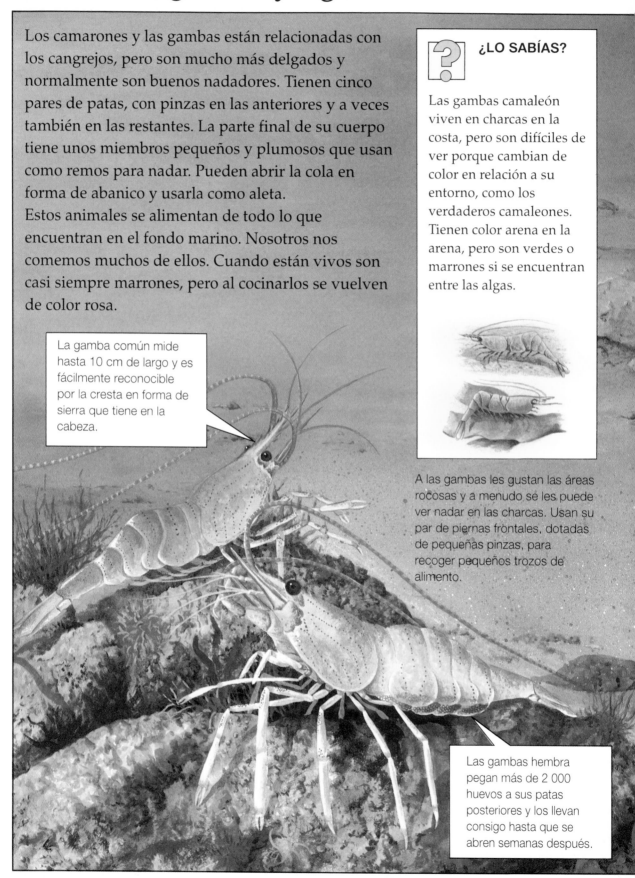

¿LO SABÍAS?

Las gambas camaleón viven en charcas en la costa, pero son difíciles de ver porque cambian de color en relación a su entorno, como los verdaderos camaleones. Tienen color arena en la arena, pero son verdes o marrones si se encuentran entre las algas.

La gamba común mide hasta 10 cm de largo y es fácilmente reconocible por la cresta en forma de sierra que tiene en la cabeza.

A las gambas les gustan las áreas rocosas y a menudo se les puede ver nadar en las charcas. Usan su par de piernas frontales, dotadas de pequeñas pinzas, para recoger pequeños trozos de alimento.

Las gambas hembra pegan más de 2 000 huevos a sus patas posteriores y los llevan consigo hasta que se abren semanas después.

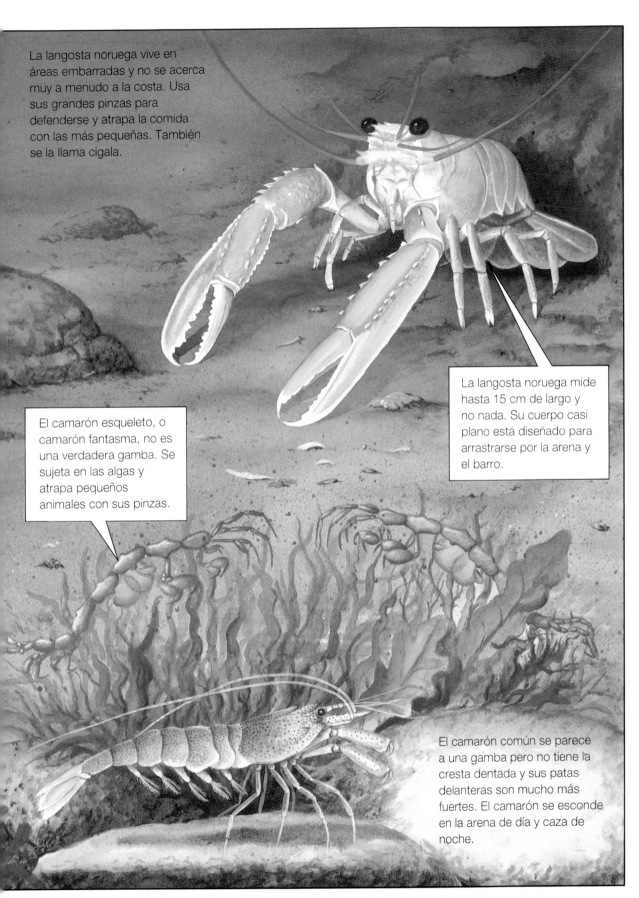

La langosta noruega vive en áreas embarradas y no se acerca muy a menudo a la costa. Usa sus grandes pinzas para defenderse y atrapa la comida con las más pequeñas. También se la llama cigala.

La langosta noruega mide hasta 15 cm de largo y no nada. Su cuerpo casi plano está diseñado para arrastrarse por la arena y el barro.

El camarón esqueleto, o camarón fantasma, no es una verdadera gamba. Se sujeta en las algas y atrapa pequeños animales con sus pinzas.

El camarón común se parece a una gamba pero no tiene la cresta dentada y sus patas delanteras son mucho más fuertes. El camarón se esconde en la arena de día y caza de noche.

Las costas en peligro

Muchas costas están llenas de botellas de plástico, cuerdas y basura, pero el más serio problema es el petróleo. Se transporta en grandes barcos a través de los océanos, y si hay un accidente pueden derramarse miles de toneladas de petróleo en el mar. Las mareas lo arrastran a la costa, y además de destruir las playas para el turismo, mata la vegetación y los animales. Podemos limpiar una playa de arena rápidamente, pero la naturaleza tarda muchos años en limpiar las rocas y reemplazar las algas perdidas y la vida animal.

SALVANDO A LOS PÁJAROS MARINOS

Las principales víctimas de los derrames de petróleo son los pingüinos y otras aves marinas que tienen que bucear entre el petróleo para pescar. Cubiertos de petróleo, mueren si no se les ayuda.

Podemos limpiarlos con detergentes o jabones especiales. Mientras los pájaros no hayan tragado demasiado petróleo sobrevivirán. Se los mantiene en cautividad hasta que sus plumas obtienen de nuevo su protección contra el agua, y después se los libera.

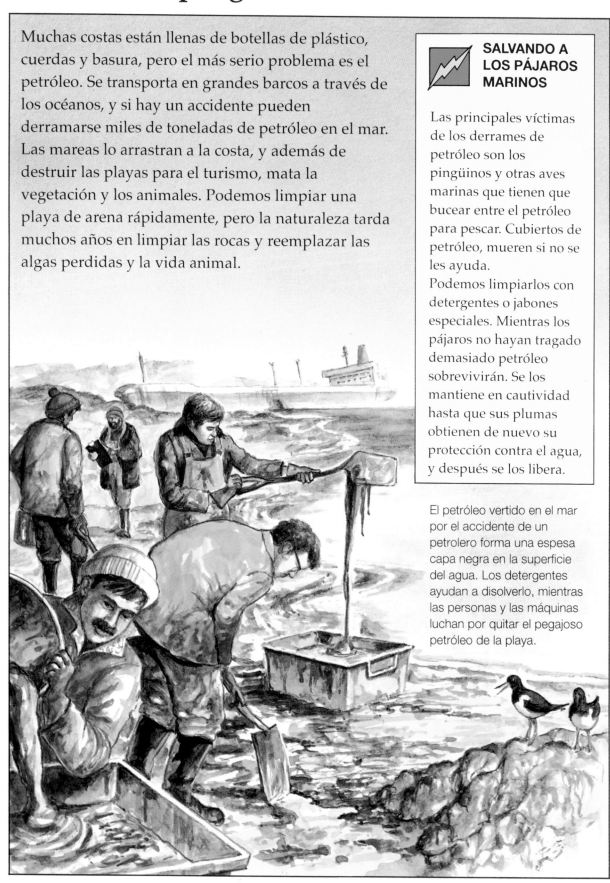

El petróleo vertido en el mar por el accidente de un petrolero forma una espesa capa negra en la superficie del agua. Los detergentes ayudan a disolverlo, mientras las personas y las máquinas luchan por quitar el pegajoso petróleo de la playa.

Palabras útiles

Aleta   Miembros o alerones que los peces usan para nadar.

Antena   Uno de los órganos sensoriales de los cangrejos y parientes, que les sirve para que el animal huela y se oriente.

Bivalvo   Nombre dado a las conchas marinas, como los mejillones o almejas, que tienen dos partes unidas por una bisagra en el borde.

Branquias   Órgano respiratorio de los peces, crustáceos y otros animales marinos. Recoge el oxígeno vital del agua.

Camuflaje   Forma en la que determinados animales evitan llamar la atención de sus enemigos al parecerse a su entorno, o mezclándose con éste. Así son difíciles de reconocer.

Carroñero   Animal que se alimenta principalmente de materia muerta, especialmente aquel que come los restos de la comida de otros animales.

Costa   Borde de la tierra, donde se une con el mar.

Crustáceo   Miembro del grupo de los cangrejos y langostas. Criaturas de conchas duras y muchas patas.

Eurasia   Nombre dado a la gran masa de tierra que son los continentes de Europa y Asia.

Guijarral   Capa de grava y guijarros de unos 6 cm de ancho, que se encuentra en la parte superior de las costas.

Larva   Nombre dado a un animal joven, principalmente a los crustáceos e insectos, claramente distinto en su forma del animal adulto.

Manglar   Vegetación propia de los litorales tropicales, compuesta por árboles con órganos accesorios de respiración.

Marea   Movimiento regular de subida y bajada del nivel del mar, que cubre la costa dos veces al día.

Marino   Relativo al mar.

Marisco   Nombre dado a varios animales de conchas duras, especialmente mejillones y almejas y sus parientes. Los cangrejos y otros crustáceos también son considerados mariscos.

Molusco   Animal de la familia de las babosas, caracoles y bivalvos. Tienen cuerpos blandos y no tienen patas. La mayoría tienen conchas.

Ribera   Línea de la costa formada por detritos con la subida de la marea.

Sifón   Tubo por el que muchos moluscos absorben agua para respirar y alimentarse. Muchos tienen un segundo sifón para expulsar el agua.

Tentáculo   Proyección en forma de dedo que tienen algunos animales cerca de la boca, incluyendo las anémonas marinas. Se usan para capturar alimentos.

Tropical   Relativo a los trópicos. Áreas cálidas del planeta a ambos lados del ecuador.

Zancuda   Nombre que reciben varias aves de patas largas que se alimentan en las marismas y aguas poco profundas al borde del mar.

Índice